숨은 보물을 찾아라

중고 만물박사 30년 짝궁의 지구 사랑

숨은 보물을 찾아라

홍윤옥 지음

SAVE THE EARTH

공감

지금 시작하고 나중에 완벽해져라

좀 더 나답게 살고 싶지만

구체적인 방법을 몰라서 고민하는 당신,

하루하루를 의미 없이 보내고 있나요?

사실은 하고 싶은 일이 많은데

아니면 아직 뭘 좋아하는지 몰라서

망설이고 있으신가요?

지출만 늘어가는 일상

앞날에 대한 불안감

앞이 안 보이시나요?

이 책을 잘 만났어요!
내가 좋아하는 것과
남에게 도움이 되는 것을 즐기면서
성장하는 법을 알게 되었습니다.
매일 신나고 건강하게
우주의 축복을 받는 행복한 창조자 삶,
30년 중고 사랑 지구 사랑.
숨은 보물을 찾는 여행에 초대합니다.

행복은 너무 빨리 날아간다
- 토머스 그레이

독자를 만나는 설렘에 떨리는 마음을 진정시키며
선풍기 바람이 시원하게 느껴지는
부글새벽방에서

CONTENTS

3장.
중고 만물박사, 30년 단짝의 지구 사랑

4장.
내 안에 숨은 보물을 찾아라

5장.
당신이 마법사라면
무엇을 하고 싶은가요?

1장

집 안에 숨은
보물찾기

1일 한 가지 보물찾기

보물을 찾으러 출발!

집 안을 둘러 봅니다.

보이시죠,

그동안 나에게 기쁨과 관심을 주었던 사랑이죠.

말해 줍니다.

고마웠다고.

감사하다고.

나를 위해 일해 줘서 수고했다고.

작별 인사를 합니다.

다른 곳으로 가서

안전하게 마음 가는 대로 가다 보면

그곳은 사랑을 많이 주는 곳!

같은 생각을 하고

좋아하는 것도 같고

노는 방식도 같을 거야!

반가워!

여기 같이 있어도 되는지 물어봅니다.

모두 환영해 줍니다.

어서 오라고,

뜨겁게 환호합니다.

웃음으로 답합니다.

행복한 표정.

보는 나도 행복합니다.

고맙습니다.

야호!

소리칩니다.

이곳에서 온 세상을 위해

우주를 위해

지구를 위해

가족을 위해

친구를 위해

자신을 위해

단 한 사람을 위해서

30년 중고 만물 유 박사, 짝꿍의 지구 사랑입니다.

실행합니다.

한 걸음씩 배우고 실천합니다.

나누고, 감사한 마음 다해

주변을 살펴봅니다.

보물이 있는지

더 좋은 곳에서

맡은 일 할 수 있게

보내 줍니다.

Today is another great day

운이 좋은 날

언제가 운이 좋은 날인가요?

지금 여기입니다.

중요한 것은 지금부터입니다.

매일 운이 좋다.

운이 좋다. 운이 좋다. 운이 좋다.

외칩니다.

우주의 좋은 기운을 받고

기분 좋은 하루를 위해

맑은 공기. 바람. 따뜻한 마음.

건강한 신체를 주신 부모님께 감사합니다.

예쁜 목소리를 주서서 감사.

단 한 사람에게 사랑, 힐링,

행복 충전 에너자이저

행복한 창조자!

웃음. 소통. 건강, 행복 메신저

보내 주신 보답

잘 받들어서 함께 기뻐하고 즐거운 마음으로

생활하는 데 힘이 되어 주겠습니다.

주위에 든든한 행복의 후원자가 되겠습니다.

저에게 오는 우주의 선물

초심으로 잘 받겠습니다.

우주에 감사하기

우리는 우주의 일부이며 연결되어 있습니다. 우리에게 삶의 기회와 자원을 제공하고 있습니다. 아름다운 별, 행성, 달, 태양, 혜성, 유성, 그리고 다양한 모습을 보여 줍니다. 우리에게 놀라움, 호기심, 탐험과 발견, 꿈, 희망을 주는 무한한 공간입니다.

우주에 감사해야 합니다. 우리가 존재할 수 있는 환경을 만들어 준 것이기 때문입니다. 모두가 성장하고 발전할 수 있는 도전과 기회를 준 것이기 때문입니다. 다른 생명체와 소통하고 협력할 수 있는 다양성과 조화를 준 것이기 때문입니다.

고마워하면서도 책임감을 느껴야 합니다. 공통의 집이며 보호해야 할 가치가 있기 때문입니다. 미래이며 세대를 잇는 유산이기 때문입니다. 교육이며 배워야 할 지식이기 때문입니다.

배려하며 살아가야 합니다. 삶의 의미와 목적을 찾아가는 길이기 때문입니다.

무한한 꿈의 무대, 우리는 작은 별빛의 춤꾼, 밤하늘에 반짝이는 수많은 이야기, 흥미롭게 바라보는 관객, 끊임없는 탐험의 여정, 호기심 많은 모험가, 은하수를 건너는 놀라운 경험, 배우고 즐겁게 나누는 친구.

우주는 영원한 사랑의 선물, 감사한 삶의 주인공, 태양에 따뜻함을 받는 작은 행성, 우리는 사랑하고 행복하게 살아가는 가족.

우주의 선물인 자연과 생명을 존중하고 보호하는 것입니다. 우리에게 많은 자원과 기회를 제공합니다.

우주의 일원으로서 다른 사람들과 친절하고 양보하는

태도를 보이는 것입니다. 우리에게 많은 동반자와 가족을 만나게 합니다.

이렇게 하면 우주에 대한 감사함을 표현할 수 있습니다.

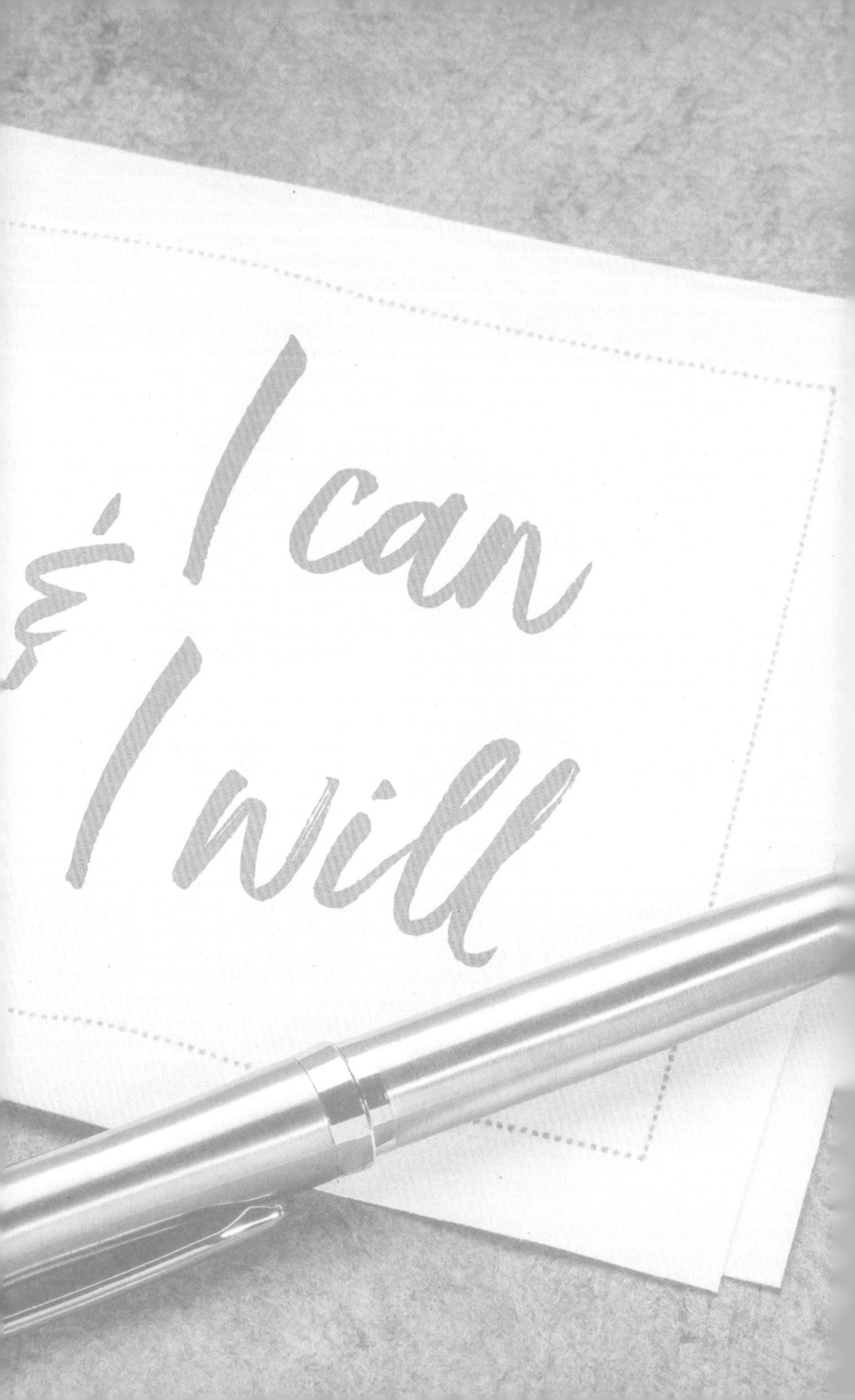
I can
&
I will

3주간 인증사진 습관 프로젝트

그거 아세요.

매일 하는 행동 습관을 3주간 성공하면

그것은 나의 일상이 됩니다.

작가와 함께해 보시겠어요.

하는 방법은 간단합니다.

하루 한 가지 비우기, 최소화한 삶입니다.

비우기 물건을 사진 찍어 보냅니다.

긍정의 한마디와 함께

그렇게 매일 3주간 실천해 보세요.

놀라운 일이 일어납니다.

결과는 21일 해 보시고 알려 주세요.

저는 어떤 변화가 일어났는지 알려 드릴게요.

자신감

뭐든지 할 수 있다는 자신감

습관 프로젝트는 항상 성공합니다.

매일 하는 일상입니다.

성공하시면 자신에게 감사의 선물 한 보따리 주세요.

행복합니다.

벅차오르는 감격한 시간

우리 같이 한 번 도전해 볼래요!

지구를 위해 나를 위해

나는 해야 한다.
그러므로 나는 할 수 있다.

– 칸트

매일 새벽 3시 30분, 불을 켰다

오늘은 나에게 제일 멋진 날

부자들의 글 쓰는 부글새벽 방

돈 공부 하우트 기초반

네이버 라이브 쇼핑

컬러수비학

인스타

쇼츠

날마다 목표와 행동 목록을 다시 점검하라.

목표를 달성하기 위해

오늘 할 수 있는 행동은 무엇인가?

행동하기로 했다면 어떤 행동이든

거기에 대해 어떤 생각을 가졌든 무조건 하라.

-『10배의 법칙』중에서

감사일기

사랑의 빛

우주의 축복

내가 원하는 명함

셀프 이미지

내일의 나는 내일에 네가 해결

오늘의 나 오늘의 네가 해결

당신은 1년 후 어떤 삶을 살고 있을까요?

나는 돈이 저절로 들어온다.

나는 돈이 저절로 들어온다.

나는 돈이 저절로 들어온다.

나는 돈을 사랑한다….

돈도 나를 사랑한다….

2장

빛나는 도전

글동무를 찾습니다

나도 작가다.

카톡만 할 줄 알면 작가가 될 수 있습니다.

딱따라 책쓰기

1시간 만에 배우는 비법

될 때까지 하는 게 성공이다

무조건 도전

용기 있게 실행하는 1인

당신입니다.

환영합니다.

오늘 할 수 있는 일에 전력을 다하라.
그러면 내일에는 한 걸음 더 진보한다.

- 뉴턴

나는 최고의 베스트셀러 작가.

누군가 한 사람에게 위로를 줄 수 있으니까?

책을 읽고 본 것

깨달은 것, 적용한 것을 매일 블로그에 적는다.

2023년 7월 00일 매일 2꼭지 이상 써야 완성된다.

출판사와 동기와 약속

마감을 지켜라.

내가 글을 쓰는 이유

책 읽는 게 나에게는 행복, 즐거움, 마음의 위안이다.

힘들 때나 즐거울 때나 책과 항상 같이 있었다.

스트레스 해소용으로 위안을 받았다.

책을 읽고 나면 다 해결되었다.

그러다 우연히 나도 책을 내고 싶었다.

유명한 사람만 책을 쓰는 줄 알았는데

평범한 사람도 글을 쓰고

책을 낸다는 사실에 흥분되었다.

막상 쓴다고 하니

하얀 백지만 보인다.

그때 구세주를 만났다.

온라인 세계에서

100세 라이프 디자이너 최원교 대표님

카톡만 할 줄 알면 책쓰기 가능하고

작가가 되는 『딱따라 책쓰기 비법』

딱 책 (나도 이 책처럼 쓰고 싶다) 선정

딱 책 한 꼭지 펴서 눈으로 읽는다.

블로그 포스팅 글을 작성한다.

다시 눈으로 읽은 딱 책 한 꼭지 소리 내어 읽는다.

블로그 포스팅 글 소리 내 읽으면서 수정한다.

발행

당신이 원하는 것이 있다면,

그것을 당신의 마음속에서 발견하세요.

그런 다음 원하는 것과 실제로 얻게 된 상태를
마음속으로 똑똑히 보고 그것을 꽉 움켜쥐세요.
드디어 '내 것이다'
라는 느낌이 들 때까지 계속해서 말이지요.

당신의 소망은 반드시 실현됩니다.
이것이 바로 잠재의식의 법칙입니다.

오늘이라는 하루의 기적

오늘이라는 큰 선물을 받았습니다.

감사합니다.

이렇게 축복을 주셨는데 그동안 낭비를 했습니다.

시간을 아끼는 방법을 찾아

실행하겠습니다.

하루 중 시간을 빼앗기는 것은 무엇인가?

점검하여 줄여 보자.

스마트폰 보는 시간

설거지하는 시간이 오래 걸린다.

주방을 최소화하게 꾸미기

안 쓰는 물건 정리

요리 시간을 단축하는 것을 배운다.

맛있게 먹고 정리정돈

나머지 시간을 활용하자.

오늘이라는 시간을 최대한 알차고 보람 있게 보내자.

지금, 이 순간

무엇을 할 때 가장 즐거운가?

글 쓰고 책 읽고 홍보, 마케팅하여 힐링되는 글을 쓴다.

경제적 자유를 위해

수익화, 연구

나의 한 단어는 완성

부족하고 모자라고 서툴지만, 끝까지 해내는 일

"완성"

당신에게 주어진 시간을 충실히 써라.

시간의 가치에 대해서 알고 싶다면

당신이 보낸 어제의 시간을 관찰하라.

- 김종원

아침 10분이
자신에게 기적을 일으킨다면?

그거 아세요!

아침 10분이면 놀라운 일을 많이 할 수 있다는 사실!

1분, 스트레칭으로 기분 업 할 수 있습니다.

1분, 보고 싶은 사람과 통화할 수 있습니다.

1분, 사랑 표현할 수 있습니다.

1분, 인생에서 가장 중요한 결정도 합니다.

1분, 오늘의 주인공으로 시작할 수 있습니다.

오늘부터 당신에게 가장 중요한 일

10분만 투자해 보세요.

저는 일어나자마자 찬물로 눈 샤워를 해 줍니다.

일명 고양이 세수라고 하지요.

눈 마찰을 시켜 줍니다.

눈이 맑아지고 일어났다고 자신에게 신고합니다.

70도 정도의 뜨거운 죽순 물 한 잔을 마십니다.

명상 20분

거울 보면서 웃는 표정으로 얼굴 운동합니다.

고마워, 행복해, 운이 좋다. 말해 주세요.

그럼 놀라운 일이 일어납니다.

아침의 기적을 경험해 보시겠어요?

왠지 큰 행운이 나에게로 온다

여러분 그거 아세요?

감사하게 행운이 오고 있어

절로 행복하고 웃음이 납니다.

베스트셀러 작가다 선언했습니다.

외쳤습니다.

동네방네, 전 세계 사람들에게

우주에

믿습니다.

선언하면 이루어지니까요.

한 번 외치고 선언하세요.

우리 같이 외쳐 봐요.

나는 베스트셀러. 행복한 작가.

이 글을 보고 위안이 되었으면 합니다.

할 수 있다는 믿음과 희망을 보셨으면 합니다.

긍정의 힘

열정의 힘

감사한 마음

매일 유튜브로 출근합니다

만물상 TV 클릭

안녕!

밤사이 올라온 댓글 소식 답변합니다.

요즘 에어컨 문의가 많이 옵니다.

에어컨 실외기 봐 달라고 전화를 많이 합니다.

해결할 수 있는 문제는 먼저 답장

올린 영상 보면서 제품들에 인사합니다.

우주에 필요한 친구들에게 전해 달라고

좋은 기운, 행복한 마음, 감사한 마음.

주인공에게 신호를 보냅니다.

벌써

반가운 소식, 전화 울립니다.

제품 있으니 와 달라고

30년 중고 사랑 유 박사

찾아갑니다.

도착하면 만물 유 박사는 보입니다.

제품들이 봐 달라고 합니다.

데려가 달라고

제가 보기에는 별로인데

유 박사의 손이 스치면

보물로 변합니다.

금액을 지급하고

집에 오면

먼지부터 깨끗이 털어 냅니다.

테스트 점검 시작

외관 상태 확인 동작 테스트

제품에 문제가 없는지

에어컨 세트

실내기, 실외기 연결

전원 연결

시원한 바람이 나오는지

마지막 점검

반짝, 반짝 광채가 납니다.

복덩어리 탄생

지구도 살리고 환경을 위하여

지구 사랑 실천했습니다.

미래의 후손에게 선물

Today is another great day

3장

중고 만물박사,
30년 단짝의 지구 사랑

한 달에 한 번
꼭 방문하시는 사장님

어서 오세요, 새로운 제품 들어왔나요?

옛날 물건 구경하고 가시면 편안하고

일하는 데 힘이 난다고 하시며 방문하는 시장님

엘피판, 오래된 앰프. 스피커. 노래방 기계

시간 되면 노래 듣고 한 곡 부르시기도 합니다.

이상하게 생긴 전자제품. 앰프. 악기.

마음에 들면 사고 이웃분에게 연락하십니다.

좋은 물건 있으니 팔리기 전에

어서 오라고 연락까지 해 주십니다.

감사하게도 금방 친구분께서 구경 오십니다.

서로 안부 물으며 즐겁게 이야기하시고

다음에 만물상 집에서

만나자고 약속하십니다.

다음에 오실 때는 재활용 가능한 물건을 들고 오셔서

필요한 손님에게 나눔해 주십니다.

좋은 이웃을 만나서 감사합니다.

우주에 인사합니다.

정말 감사합니다.

고맙습니다.

어제보다 더 나은 오늘을 응원합니다.

번개 장터, 당근마켓 판매 팁

다른 지역 거래를 위해

주소 인증을 도와주겠다는 사람에게

아이디와 비밀번호를 알려 주면

계정이 도용되거나 사기에 이용될 수 있습니다,

절대 주의

거래 시 사기 가능성이 있는 이용자와의 거래에는

당근마켓에서 경고 알림을 보내니

잘 확인하고 거래

물품 판매 시 상품 상태, 정확한 가격 표시

사진을 잘 보이게 3컷에서 5컷 촬영

클릭할 수 있게 상세 설명 작성

판매자의 평판과 거래 완료 횟수

당근 온도 확인

물품 구매 시 상품 상태, 가격

사진으로 제품 사진 상태

꼼꼼히 확인

항상 안전한 거래를 위해서 확인

하나뿐인 지구를 지키기 위해
꼭 필요한 세금 이야기

하나뿐인 지구를 지키기 위해 꼭 필요한 세금

우리와 지구를 위한 세금 이야기!

소 방귀세, 탄소세까지 환경을 지키는 세금

OO에서는 일회용 나무젓가락을 사용하면

세금을 내야 한다네요.

나무젓가락에 세금을 부여하다니 놀랍지 않나요?

해마다 약 2500만 그루의 나무를 베어

450억 개의 일회용 나무젓가락을 사용하고 있어요.

계속 이렇게 사용하다가는
OO의 모든 나무는 나무젓가락이 되고 말 거예요.

이런 비극적인 일을 막기 위해서
일회용 나무젓가락세가 생겼어요.
나무젓가락세 말고도
여러 나라에는 지구를 위한 세금이 있어요.

독일의 빗물세,
에스토니아의 소 방귀세,
네덜란드의 자동차 주행세,
프랑스의 비만세,
미국의 반려동물 보유세,
유럽의 도시세까지

지구를 살리는 특별한 세금.
우리는 다양한 세금을 내며 살고 있습니다.
물건을 살 때도 세금이 붙고,
소득에 따라 여러 가지 세금을 내야 합니다.

지구를 살리는 특별한 세금
각 나라의 어린이들이 전해 주는 이야기를 통해
환경오염의 심각성을 깨달을 수 있는 책
『환경 지킴이 뉴스』발췌

지구를 살리는 특별한 운동.
주변에 있는 자연을 사랑하고 아끼며
감사하며 보내자.

기후 재앙을 대비하려면?

기후변화라고도 불리는 기후 재앙은 최근 몇 년 동안 점점 더 시급해지고 있는 문제입니다.

이산화탄소와 같은 다량의 온실가스를 대기 중으로 방출하는 활동으로 인해 지구 온도가 점점 증가합니다. 빙산이 녹으면서 발생하는 해수면 상승으로 위험에 처한 저지대 섬, 해안 지역사회에 심각한 위협에 있습니다.

태풍, 가뭄, 홍수와 같은 기상 이변 현상이 심각하게 자주 발생하고 있습니다. 식량, 물 부족으로 심각한 피해가 늘어나고 있습니다.

현대적인 생활 때문에 석탄, 석유, 가스와 같은 화학연료의 많은 양이 이산화탄소와 온실가스를 대기 중으로 방출하여 지구 온도를 상승시킵니다.

.

.

.

알고 계시나요?

1년 동안 판매되는 약 5천억 개의 플라스틱병을 일렬로 늘어놓으면 지구에서 태양까지의 거리의 절반에 이른다고 하네요! 상상이 가세요? 지구를 너무 아프게 하네요!

스스로 플라스틱 사용을 자제하고, 분리수거를 잘하고, 친환경 제품을 사용하면 환경오염을 줄이는 데 작은 도움이 됩니다.

분리만 잘해도 자원을 재활용할 수 있으며 재사용이 가능합니다.

자원 낭비도 줄일 수 있습니다.

육류를 줄이고 채소나 과일 등 식물성 식품을 더 많이 먹는 것도 기후 재앙 대비에 도움이 됩니다.

육류 생산은 이산화탄소 배출량이 많기 때문입니다.

건강을 위해서 우리의 미래를 위해서

You're
great!

Today is another great day

4장

내 안에 숨은
보물을 찾아라

당신은 위대함에 걸맞은
사고방식을 갖고 있는가?

위대함은 오직 특별한 사람에게만 은밀히 허락된 천상의 것이 아니다.

우리 모두에게 있는 것이다.

- 윌 스미스(배우, 사업가)

내 안의 위대함을 발견하자.
당신은 위대함에 걸맞은 사고방식을 갖고 있는가?
예스

이 책을 보는 당신은 아마 제목, 아니면 무언가에 이끌려 읽고 있다.

우리 모두에게 있다는 위대함에 걸맞은 사고방식을 인식하지 못해서

쩨쩨한 사고방식이 당신을 지금 있는 이 자리에 붙들어 놓고 있다.

그 생각에서 탈출하라!

위대하고 멋지다고 말하라.

당신은 위대하다.

첫 시작을 도전했으니까?

책을 읽기 시작했으니까.

제로에서 시작하라.

일단 시작한 게 중요하다.

중요한 것은 지금부터
우선 필요한 것을 하라.
그러고 나서 가능한 것을 하라.
그러면 어느 순간 불가능한 것을
하고 있을 것이다.

-아시시의 프란치스코

네가 뭔데

평범한 사람이 위대함을 발견했다고 하니까

놀랐나요!

실행했으니까요!

단희 쌤과 함께하는 새벽 기상 100일 프로젝트 성공

참 잘했어.

감사합니다. 고맙습니다. 덕분입니다.

당신의 인생을 바꾸는 5계명

나는 돈을 사랑합니다.

돈도 나를 사랑합니다.

무한대로 들어온 돈

무한대로 나눔하겠습니다.

1. 매일 아침. 점심. 저녁. 목표 확언 선언

2. 자신에게 칭찬하기, 사랑한다고 말하기

3. 건강 스트레칭

4. 실행 독서

5. 감사하기

당신은 어떤 사람으로
기억되고 싶은가?

"나는 누구인가?"

"나는 무엇을 잘하는가?"

'새로 고침' 버튼을 눌러 자신을 다시 평가해 보자.

인생의 마지막 장면에서

당신은 어떤 사람으로 기억되고 싶은가?

따뜻한 사람

긍정적인 사람

열정 있는 사람

끈기 있는 사람

배려심 있는 사람

사랑이 넘치는 사람

고마운 사람

ReClaim your pow

Today is another great day

당신을 행복하게 하는 것은
무엇인가?

내가 좋아하는 영화는 무엇인가?

좋아하는 책은 무엇인가?

좋아하는 노래는 무엇인가?

좋아하는 스포츠는 무엇인가?

나의 좌우명은 무엇인가?

무엇을 할 때 가장 살맛이 나는가?

가장 행복해서 미칠 것만 같았던 때가 언제였는가?

평소에 어떤 사람들과 어울리는 것을 좋아하는가?

지금 가장하고 싶은 일은?

좋아하는 단어는?

글 쓰는 일은 좋은 것이다.

애정을 갖고, 그 일을 좋아한다고 생각하며 매진해라.

글 쓰는 일은 쉽고 재미있는 일이다.

일종의 특권이다.

걱정스러운 허영심과 실패에 대한 두려움을 제외한다

면 어려울 게 없는 일이다.

- 브렌다 율랜드

그냥 계속해

중요한 일

글 쓰는 일은

감사하고

사랑하는 일!

10년 전 모습이 마음에 드는가?

10년 후 돌아볼 모습이 오늘이다!

지금, 이 순간 자신을 사랑하라.

아침에 눈을 뜨면 세 번 말하세요

꼭 말하세요!

그리고 잊지 마세요!

나는 빛나는 보석!

나는 빛나는 보석!

나는 빛나는 보석!

나에게는 불가능은 없다.

무조건 된다.

나는 역시 천재야!

나는 역시 보물이야!

참 잘했어.

우주는 항상 나를 돕고 있어!

모든 것이 기적이야!

빛나는 보석

이런 행운이!

이렇게 감사한 일이!

누군가의 희망이 되는 사람!

다른 사람들을 정복하는 사람은 강한 자다.

자기 자신을 정복하는 사람은 위대한 자다.

- 노자

Today is another great day

5장

당신이 마법사라면
무엇을 하고 싶은가요?

5분 동안 써 보세요

내 책을 읽은 독자님 초대, 감사 이벤트 실시

재미있는 영화 보여준다.

바닷가에서 힐링할 수 있게 장소 제공

재미있는 낚시 여행

스파 체험

토크 쇼

음악 콘서트

특별 기구 체험

건강 힐링 캠프

스포츠 체험

맛있는 음식

행복한 경험

신나는 일

마음의 치유

스트레스 해소

장기자랑

자신만의 장기자랑

지구 사랑 이야기

당신은 안녕하신가요?

내 몸은 안녕하신가요?

노트북을 켜며

한글 파일을 열고

그냥 쓴다.

손이 가는 방향대로

주제도 없이 나오는 대로 쓰다 보면

한 꼭지를 써야 하고

시간이 되면 한 꼭지 더 써야 한다.

분량을 채워라.

무엇으로

모르겠다.

쓰다 보면 나오겠지.

어디에 가장 관심이 있나요?

글 잘 쓰는 비결

아니면 돈 잘 버는 비결

뭐 재미있는 일 없나요?

삶이 무료한가요?

.

.

.

온 나라가 이상 기온으로

자연재해를 입어서 고통을 당하고 있는데

뉴스에서는 미담이나 즐거운 소식을 전해야 하는데

사건 사고 매일 나오고 있네요.

글이라도 재미있는 일이 있으면 활력이 되지 않을까?

그럼 웃으세요.

소리 내서 하하하 호호호 후후후

웃다 보면 더 웃게 되지요.

마음껏 웃으세요.

지금부터 1분 웃기 타임입니다.

배꼽 잡고

큰 동작으로

웃으세요.

한 옥타브 높여서

만세 부르면서

느껴 보세요.

한층 업 되었지요?

룰루 라라

콧노래가 절로 나옵니다.

생각지도 못한 노래가 나옵니다.

마음껏 부르세요.

부르고 싶은 노래 다 해 보세요.

나만의 노래자랑

관객도 나

내일 이 시간에 또 열립니다.

나만의 댄스 타임
나만의 노래자랑
나만의 낭독
나만의 장기자랑

기대하세요.

"정말 감사합니다."

"나는 참 행복해."

"못할 것도 없지."

"난 참 풍족해."

- 사이토 히토리

지금 생각하는 시간이 행복

카톡 프로필 사진을 좀 더 특별하게 만들어 보실까요?

구글 플레이 스토어에서

네이버 웹툰 검색

설치합니다.

열기 클릭

하단에 더 보기 란에

툰 필터 클릭

허용

동의

더 보기

시작하기

6가지 스타일 마음에 드는

원하는 스타일로 체크

주의 사항 확인

본인 사진 갤러리에서 사진

마음에 드는 사진

이미지 저장

마음에 들지 않으면 다른 상품 선택

원하는 사진 클릭

새로운 캐릭터가 탄생합니다.

지금 생각하는 시간이 행복

나에게 불가능은 없다.

나에게 오는 대운

당신은 최고로 멋진 사람입니다.

왜냐하면, 이 책과 만났으니까요!

나는 보석이다.

빛나는 보석

우주의 축복받은 보석

행복한 보석

기분 좋은 보석

성장하는 보석

지구 사랑 보석

멋진 보석

끈기 있는 보석

.

.

.

삶은 속도가 아닌 방향이다

지금 널 사랑하겠어. 이 순간 누구보다 너를
사랑해, 사랑해, 사랑해,
너의 마음, 눈빛. 모습, 전부
이 세상 누구보다 사랑해.
책상에 앉아 글 쓰는 지금 너의 행동 하나

어떤 프로젝트를 완성시키는 모습
가족을 위해 맛있는 음식 만드는 모습
뜨거운 태양 아래 자기 위치에서
하루를 뜨겁게 열심히 달리고 있는 지구 사랑 일
오늘을 감사하면서

행복하게 살아간다는 것은

사랑하는 사람을 보면서

즐겁고 신나게 하고 싶은 일을 하면서

우주의 축복을 받고

건강하게 웃음소리 나게 웃으면서

하루하루 최선을 다하는 삶

삶은 속도가 아니라 방향이다

당신에게 좋은 일이 있습니다.

나에게 좋은 일이 있습니다.

나의 가장 소중한 것은 가족

사랑합니다.

당신을 사랑합니다.

내 인생의 최고의 선물이며 보물

나를 무조건 사랑하고 지지해 준다.

함께 웃고 울며 기쁨과 행복을 나눈다….

꿈을 키우고 응원해 주며 존중해 준다.

가족을 위해 최선을 다한다….
재미있게 지내고 추억을 함께한다.
감사하고 고맙고, 사랑한다….
꿈과 목표를 응원하고 즐기면서 지내자.
건강한 생활을 위해 노력한다.

언제나 따뜻한 마음을 전한다….
긍정적인 말
기분 좋은 말
행복한 말
웃음이 가득한 보금자리

당신에게 소중한 것은 무엇인가요?

기적은 연습이다.

- 원더셀프

습관처럼 연습 또 연습하다 보면

지구 사랑 아나바나 본부 문을 연다.

아껴 쓰고

나눠 쓰고

바꿔 쓰고

나눠 주고

챌린지를 시작합니다.

감사합니다.

'그린 히어로즈' 챌린지를 시작합니다.

당신과 함께

지구 사랑 환경지킴이 그린 히어로즈

Today is another great day

이 책을 쓰면서

신랑이며 만물박사 유 박사이자

30(직업이)가지 이상 무엇이든

해결하는 맥가이버,

삶의 파트너, 동반자, 사랑하고 존경합니다.

잘 잃어버리고 덤벙거려서 해결은 언제나 신랑, 부족
한 나를 인내와 사랑으로 도와주고 지켜 주고 가족을 위해,
성실, 정직. 유머 있고 착하며 배려심 있는 최고 멋쟁이 남편

책의 마지막 페이지이자, 나의 새로운 시작에 함께하
는 든든한 버팀목이자 후원자

함께 꿈을 키우며 웃음이 가득한 지구 사랑을 여러 사람과 나눌 수 있어 감사합니다.

멘토 라이프디자이너 최원교 대표님, 함께 공부하는 부글새벽팀, 돈 공부 하우트클라스. 떠먹여 주는 블로그, 크다 라이브 쇼핑 지도해주신 김효석 박사님. 김수빈 대표님. 우주보스 님, 시크릿 인스타 조은 대표님
감사합니다.

언제나 응원하고 지지해 주는
사랑하는 가족들, 친구들
지면을 통해 감사함을 전합니다.

사랑합니다. 존경합니다. 감사합니다.
덕분입니다. 고맙습니다.

오늘 하루 자신의 행복을 위해서
무엇을 할 것인가?

숨은 보물을 찾아라

초판 1쇄 인쇄 | 2023년 08월 30일
초판 1쇄 발행 | 2023년 09월 06일

지은이 | 홍윤옥

펴낸이 | 최원교
펴낸곳 | 공감

등　록 | 1991년 1월 22일 제21-223호
주　소 | 서울시 송파구 마천로 113
전　화 | (02)448-9661 팩스 | (02)448-9663
홈페이지 | www.kunna.co.kr
E-mail | kunnabooks@naver.com

ISBN 978-89-6065-325-2 (03320)